INAUGURATION

DU

Buste du Cte de Serre

A PAGNY-SUR-MOSELLE

Le Dimanche 24 octobre 1886

———

DISCOURS

de M. le Baron G^t d'HUART

ANCIEN PRÉFET

MEMBRE DE L'ACADÉMIE DE METZ

DE LA SOCIÉTÉ D'ARCHÉOLOGIE LORRAINE, ETC.

NANCY

IMPRIMERIE BERGER-LEVRAULT ET Cie

11, RUE JEAN-LAMOUR, 11

———

1886

INAUGURATION

DU

Buste du Cte de Serre

A PAGNY-SUR-MOSELLE

Le Dimanche 24 octobre 1886

DISCOURS

de M. le Baron G^r d'HUART

ANCIEN PRÉFET

MEMBRE DE L'ACADÉMIE DE METZ

DE LA SOCIÉTÉ D'ARCHÉOLOGIE LORRAINE, ETC.

NANCY

IMPRIMERIE BERGER-LEVRAULT ET Cie

18, RUE JEAN-LAMOUR, 18

1886

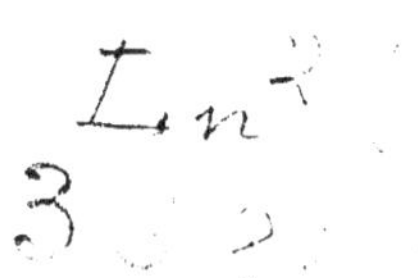

DISCOURS

DE

M. LE BARON GUISBERT D'HUART

AU NOM DE LA FAMILLE DE SERRE.

MESSIEURS,

Je dois à de douloureuses circonstances l'honneur de prendre aujourd'hui la parole au nom de la famille du comte de Serre.

C'était à son fils que devait revenir cet honneur, mais vous savez comment, il y a quelques mois à peine, le comte Gaston de Serre a été enlevé à notre affection[1]. Sa sœur, Mlle Marie de Serre, compagne fidèle et dévouée de sa vie, a bien voulu me confier la mission de répondre aux orateurs que vous venez d'entendre.

J'ai donc à vous dire, Monsieur[2], toute sa gratitude et à vous exprimer, avec les regrets des absents, les remerciements de tous ceux sur lesquels rejaillit l'éclat de cette solennité.

J'ai parlé des absents ; il en est d'autres, hélas ! dont il m'est

1. Le comte Gaston de Serre est mort à Paris le 27 juin 1886.
2. M. Louis Lallement, avocat à Nancy, qui a pris l'initiative de la sous-cription destinée à ériger un monument à la mémoire de M. de Serre.

bien permis de rappeler aujourd'hui le souvenir, et qui devraient être ici au premier rang à côté de celui que nous avons la douleur de n'y point voir.

C'est d'abord la comtesse de Serre[1], cette admirable femme qui a si noblement porté pendant un demi-siècle de veuvage le poids d'un grand nom et dont le monde de Paris et de Versailles n'a oublié ni l'esprit, ni les grâces. Puis ses filles, la comtesse Louise de Serre[2], filleule du roi Louis XVIII et de Madame la Dauphine, femme supérieure qui rappelait par tant de côtés son illustre père, et la baronne de Forceville[3], au berceau de qui s'adresse le dernier mot qu'ait tracé la main défaillante du comte de Serre.

A ces cœurs fidèles, ce jour eût apporté les émotions d'une noble et légitime fierté, et l'inauguration de ce monument eût été pour Gaston de Serre le couronnement de l'œuvre à laquelle il avait consacré sa vie.

C'est bien comme vous le dites, Monsieur, à ses travaux persévérants, à ses recherches infatigables que nous devons la publication des *Discours* et de la *Correspondance* de son père, œuvre précieuse pour l'historien, véritable monument élevé par la piété filiale à une illustre mémoire.

Pénétré du sentiment de ce qui était dû à cette mémoire, un instant obscurcie par les passions et les luttes des partis, et avec ce tact supérieur qu'il mettait en toute chose, Gaston de Serre a su patiemment attendre l'heure voulue pour la publication de ses travaux. Il avait compris que, plus cette heure serait tardive, plus complète et plus éclatante serait la réparation, et que le souvenir

1. La comtesse de Serre, née baronne d'Huart, morte le 18 novembre 1875.

2. La comtesse Louise de Serre, chanoinesse du chapitre de Sainte-Anne, morte à Paris le 14 mars 1884.

3. La baronne de Forceville, morte le 5 février 1887.

de son père brillerait d'un éclat d'autant plus grand que ces luttes et ces passions seraient plus éloignées de nous.

Injustement attaqué par ses contemporains, M. de Serre avait tout à attendre de la postérité.

Pour elle son nom demeurera l'une des personnifications les plus éclatantes de cette grande époque de la Restauration qui, suivant l'expression heureuse de M. de Mazade, l'un des biographes du comte de Serre, a renouvelé à la fois la politique et la poésie, l'histoire et l'éloquence.

Pour la postérité, le nom de Serre restera comme le plus propre à rappeler ces grandes luttes parlementaires durant lesquelles, à l'aurore de la Restauration, la France nouvelle et la monarchie nationale marchaient d'accord dans les voies ouvertes au progrès et à la liberté.

La France, Messieurs, ah! tel était bien l'unique amour qui remplissait le grand cœur du comte de Serre et qu'il mettait au-dessus de tout !

Mais pour lui la prospérité et la grandeur de la patrie ne pouvaient être fondées que sur la liberté, et cette liberté il voulait l'obtenir par l'alliance définitive de son pays avec la monarchie.

Cette conviction profonde éclate pour ainsi dire à chaque mot de ses discours, à chaque page de sa correspondance. Permettez-moi une seule citation : « Pour fonder la liberté, écrivait-« il [1], il faut affermir la monarchie, et pour affermir celle-ci, il faut « en revenir à fonder la liberté ! ces deux causes me paraissent « également saintes. »

C'est pourquoi il consacra à les défendre tout ce que le ciel lui avait donné d'énergie et de talent, et pour tout juge impartial, c'est là ce qui fait l'unité de sa vie.

1. Corr., 11 mar. 1820

En voyant le grand orateur combattre tour à tour les Ultras et les Doctrinaires, ses adversaires ont pu s'y tromper. Mais nous, Messieurs, nous, qui sommes l'histoire, éclairés par les événements qu'avait pressentis l'homme d'État, nous comprenons maintenant comment il lutta jusqu'à son dernier jour pour maintenir cette union féconde de la France libérale et de la monarchie traditionnelle.

Et s'il a laissé sa vie dans cette lutte suprême qu'il soutint avec un incomparable génie, du moins on a pu dire de lui, comme de Mirabeau, qu'il avait en mourant emporté une monarchie dans sa tombe !

Puissent ces grandes leçons d'une époque éloignée déjà ne point être perdues pour nos contemporains ! Et s'il m'est permis, à moi, Lorrain, qui pleure avec vous nos provinces perdues, s'il m'est permis de former ici un vœu pour le relèvement de la patrie, je demande à Dieu que la France retrouve bientôt les éléments de grandeur et de prospérité qu'elle possédait alors et qui lui assuraient le premier rang en Europe.

Et comme les mêmes causes ramènent toujours les mêmes effets, nous verrions sans doute encore se reproduire, sinon les mêmes génies, du moins les mêmes dévouements et les mêmes gloires.

En présence de l'admirable situation politique et financière que la royauté avait faite à la France, au lendemain des désastres de l'Empire, l'esprit a peine à comprendre la violence des attaques dont le gouvernement du roi Louis XVIII fut l'objet et qu'un patriotisme mieux éclairé aurait dû lui épargner. Dans ces circonstances difficiles, la conduite de M. de Serre a été diversement jugée, mais ce qui demeura et ce qui demeurera toujours au-dessus de toutes les atteintes, ce sont le désintéressement absolu de ses convictions et la dignité de sa vie.

C'est que l'honneur, la conscience, la piété, occupaient toutes les avenues de sa grande âme. L'honneur et la conscience, Messieurs, mots nouveaux, idées inconnues aux anciens, et qui, selon l'admirable expression de l'un de nos grands historiens[1], mesurent la distance énorme qui sépare une âme moderne d'une âme antique.

Tel était le secret de cette parole vibrante et persuasive, qui allait au cœur parce qu'elle en venait, a dit justement la duchesse de Broglie. Tel était le secret de cette éloquence qui a fait de M. de Serre l'une des plus grandes illustrations de la tribune française.

Il y a bientôt vingt ans, M. Salmon, que vous venez d'entendre et qui a honoré cette magistrature française à laquelle mon oncle de Serre avait appartenu, écrivait sa biographie et réclamait pour votre compatriote une statue dans l'une de nos grandes villes lorraines.

Vous avez, Monsieur, par votre noble initiative, réalisé une partie de ce vœu en plaçant ici, au lieu même de sa naissance, le buste de M. de Serre.

Et c'était bien à un artiste lorrain d'un remarquable talent tel que Mathias Schiff qu'il convenait d'en confier l'exécution.

Laissez-moi donc, Monsieur, vous remercier, vous et M. le Maire de Pagny, au nom de la famille de Serre.

Laissez-moi remercier avec vous tous ceux qui, sans acception de parti, ont voulu ajouter par leur présence à l'éclat de cette réunion ; tous ceux qui vous ont aidé dans votre œuvre, tous ces souscripteurs enfin, en tête desquels je vois figurer d'augustes noms[2] : honneur bien mérité par ce grand serviteur de la Maison de France !

---

1. Taine, *Les Origines de la France contemporaine*.
2. Mgr le comte de Paris et S. A. R. Mgr le duc de Chartres.

Laissez-moi me faire encore l'interprète de tous en remerciant les orateurs dont nous venons d'applaudir la parole éloquente.

En leur offrant l'expression de notre reconnaissance, je réponds certainement aux vœux des concitoyens de M. de Serre qui reçoivent comme un reflet de sa gloire.

De cette gloire qui restera l'une des plus pures dont puisse à son tour s'enorgueillir la grande patrie française !

Nancy, imprimerie Berger-Levrault et Cⁱᵉ.